I0756729